Manual de Psicodrama y Sociometría

Organizadora:
Esly Regina Carvalho, Ph.D.

Manual de Psicodrama y Sociometría, de Esly Carvalho, Ph.D.

ISBN-13: 978-1494492397
ISBN-10: 1494492393

Plaza del Encuentro

Portada: Pablo Goldenberg
Revisión: Jimmy E. Baus

PLAZA DEL ENCUENTRO
SEPS 705/905 Ed. Santa Cruz sala 441
70.390-755 Brasília, DF Brasil
WWW.plazadelencuentro.com

Contenido

Sobre la profesora...

Esly Regina Carvalho es psicóloga brasileña, doctora en psicología, con especialización en psicodrama y EMDR. Recibió su grado de psicóloga en Brasilia en 1980, y su certificación como Supervisora de Psicodrama en 1988. Ella terminó su maestría en Psicología en 1987, por la Universidad de Brasilia, defendiendo su tesis sobre *La Estructura Sociométrica de Familias Alcohólicas: Un Estudio Exploratorio* (en portugués). Posteriormente, recibió su registro en los Estados Unidos como *Licensed Professional Counselor*, en el estado de Colorado (#1653), y su acreditación (1995) como *Trainer, Educator and Practitioner in Psychodrama* por el American Board of Examiners in Psychodrama, Sociometry and Group Psychotherapy, pasando sus exámenes *con distinción*. En 2005, fue nombrada Trainer of Trainers de EMDR - *Eye Movement Desensitization and Reprocessing,* por el EMDR Institute, una forma innovadora de trabajar los traumas y recuerdos dolorosos. Durante 6 años (2007-2013) fue presidente de EMDR Iberoamérica. En el II Congreso Iberoamericano de EMDR, presentó un trabajo sobe la integración de Psicodrama con EMDR.

Durante muchos años, la Dra. Carvalho mantuvo una práctica privada en Quito, Ecuador, donde todavía se ofrece formación en Psicodrama y Sociometría (Campus Grupal) en convenio con la Asociación de Psicodrama y Sociometría del Ecuador (APSE). Actualmente, vive en Brasilia, después de varios años en la región metropolitana de Dallas, TX (EUA), coordinando el trabajo de la Plaza del Encuentro. Ella es casada, tiene una hija casada y una nieta, con quienes le gusta disfrutar de la vida en familia.

1. Historia del Psicodrama

A. Biografía de Jacob Levy Moreno
□ Lecturas obligadas:
- Moreno, J.L. *Autobiografía de Moreno.*
- Marineau, R. *Jacob Levy Moreno: 1889-1974: Pai do Psicodrama da, da sociometria e da psicoterapia.* São Paulo: Ágora.
- Moreno, J.L. *El Teatro de la Espontaneidad.*
- Moreno, J.L. *El Psicodrama*, pp. 1-59.

□ **Ejercicio**: Hacer una lista de 20 eventos en la vida de J.L. Moreno. A través de un ejercicio de acción, ordenarlos cronológicamente.
□ **Ejercicio**: Nombrar todos los términos que ha descubierto que fueron criados por Moreno y que hacen parte del vocabulario común y corriente de la psicología. (Mínimo 5.)

B. Biografía de Zerka Moreno

C. Desarrollo del Psicodrama en Europa y Estados Unidos:
1. Quién es Pierre Weil? Anne Ancelin-Schutzenberger? Grete Leutz?
2. Qué es la ASGPP? el American Board of Examiners in Psychodrama?

D. Desarrollo del Psicodrama en América Latina
1. Quién es Dalmiro Bustos? Cuál su contribución?
2. Quién es Jaime Rojas-Bermúdez y cuál su contribución?
3. Quién es Jaime Winkler? Heve Otero? Monica Zuretti? Niksa Fernandez?
4. Qué es la FEBRAP? la APSE? El Foro Iberoamericano de Psicodrama?

E. Teatro de la Espontaneidad

□ Lectura:
- *Teatro de la Espontaneidad,* de Moreno
- *Teatro Terapêutico,* de Moyses Aguiar (portugués)
- *Teatro da Anarquía,* de Moyses Aguiar (portugués)

Clases prácticas adicionales:

- Expresión corporal/aplicación dramática (20hs)

- Teatro (8hs)

II. Teoría Moreniana

A. Introducción a conceptos básicos del Psicodrama y Sociometría
□ Lectura del Texto: *Comprendiendo al Psicodrama,* de Tian Dayton.
□ Lectura: *El Psicodrama,* de D. Bustos.
□ Lectura: *El Psicodrama,* de Moreno, Sección IV, pp. 85-213.

Moreno pensaba que el psicodrama debería ser la tercera revolución psiquiátrica:
1ª Pinel liberando a los enfermos mentales de sus cadenas
2ª Mesmer (hipnosis) y Freud (psicoanálisis)
3ª Espontaneidad y liberación (precursores: Marx, Kirkegaard, Nietsche, Bergson)
Además pensaba que debería estar fundamentada por una revolución social, una revolución sociométrica y psicodramática.

1. Espontaneidad: **(s) es una respuesta adecuada a una situación nueva o una respuesta nueva a una situación antigua.**
□ Lectura: *Psicología del Encuentro,* de Garrido Martín, pag. 119-162.
□ Lectura: *Psicodrama,* de Moreno. Sección 1-III.
□ Lectura: *Qué es el Psicodrama?,* de Rojas-Bermúdez. Cáp.. 1, 2, 4.

Tiene cualidad dramática, creatividad, originalidad y adecuación de la respuesta. (Ver el Canon de la Creatividad.) Cada persona tiene una "matriz espontánea" desde la cual se desarrolla la personalidad. En la sociedad moderna se reemplaza la *s (espontaneidad)* por respuestas fijas y reguladas que no permiten reacciones nuevas e inesperadas (conservas culturales). La espontaneidad posee calidad dramática.

Cuatro formas de espontaneidad (s):
1. Aquella utilizada en la activación de las conservas culturales y los estereotipos sociales.
2. Creatividad, tales como obras de arte.
3. Formación de expresiones libres de la persona
4. Formación de respuestas adecuadas a situaciones nuevas.

Creatividad:
- S (espontaneidad) para nacer y educar hijos
- S para creación de nuevas obras de arte/invenciones
- S para la creación de nuevos medios sociales

Originalidad: El libre flujo de expresión.

Adecuación de las respuestas:
1. Ninguna respuesta a la situación nueva (*s* no se asoma)
2. Respuesta antigua a la situación nueva
3. Nueva/adecuada respuesta a la situación nueva

El proceso creativo/espontáneo es la matriz y la etapa inicial de cualquier conserva cultural. Ver el Canon de Creatividad. El lugar del momento en la teoría de la Espontaneidad solamente tiene sentido en un universo abierto donde el cambio y la novedad pueden ocurrir. En un universo cerrado, no hay crecimiento/s/creatividad, por lo tanto, no hay el momento. Se diferencia del determinismo psíquico de Freud.

El Test de Espontaneidad es una forma de medir la espontaneidad de una persona para determinado rol.
☐ **Ejercicio**: Hacer un test de Espontaneidad: (Por ejemplo, entrenando el rol de vendedoras en una Venta de Hamburguesas.)

2. Creatividad, Calentamiento e Iniciadores

Los *Iniciadores* son focos de estimulación que inician reacciones en cadena preparatorias para un acto. Se dividen en físicos (Ej.: asumir la postura física para hacer el doble), mentales (uso de la imaginación o visualización para dar inicio a un acto), sociales (a través de relaciones interpersonales, el contacto con otra persona) y psicoquímicos (alcohol, drogas o fármacos).

3. Conserva Cultural es el producto final de cualquier acto espontáneo. También sirve de punto de partida o calentamiento para producir nuevos actos espontáneos, que a su vez, producen nuevas conservas culturales. La conserva cultural produce estabilidad, rutina y la predicibilidad en las relaciones y en el mundo cotidiano. Cuando una vida es regida apenas por conservas culturales se vuelve un problema, ya que la persona no se permite correr los riesgos que conlleva el proceso espontáneo/creativo.

4. Canon de Creatividad (Ver el dibujo.)

El Canon de Creatividad desarrollado por Moreno explica el proceso espontáneo/creativo. A través del calentamiento ("warming up", uno de los muchos términos inventados por Moreno) la persona va preparando su espontaneidad/creatividad para crear un nuevo acto o producto (que eventualmente será una conserva cultural). Basado en una conserva cultural previa, el calentamiento permite que la espontaneidad/creatividad pueda llegar a un nivel suficiente para la producción de un acto espontáneo.

5. Tele , Transferencia y Empatía
☐ Lectura: *Psicología del Encuentro*, de Garrido Martín, pag 195-208
☐ Lectura: *Psicoterapia Psicodramática*, Bustos, D. Cap. 2.
☐ Lectura: *Psicodrama: Teorias y Técnicas*. D'Andrea, Flávio Fortes. pp. 24-29

Tele (a distancia) es un término introducido por Moreno para designar un conjunto de procesos perceptivos que permiten al sujeto una valoración correcta de su mundo circundante (empatía de "dos vías"). Hay tele positiva (atracción) y tele negativo (rechazo); para las personas y hasta en relación a cosas o animales. Es la capacidad de "percibir y ser percibido". La patología de la tele es la *transferencia* ya que la transferencia resulta de procesos proyectivos del individuo sobre otros o sobre situaciones o eventos; no lleva en cuenta la "devolución" perceptiva del otro. (Hacer la imagen de Bustos.)

6. Catarsis de Integración y Catarsis de Ab-reacción

Catarsis de Integración es el resultado de una serie de procesos aislados en su inicio, que confluyen en determinado momento, inter-relacionándose y produciendo un resultado final común, pero distinto de cada una de sus finalidades parciales. Decimos que es a través de la Catarsis de Integración que el paciente se cura. (Hacer una imagen.)

Se diferencia de la catarsis de ab-reacción en que: "Algo sale del paciente que éste estaba conteniendo, y el sujeto queda limpio." Moreno considera eso como un paso previo a la producción de la Catarsis de Integración. En la Catarsis de Integración lo que sale es el paciente mismo, y al salir de algo que lo estaba conteniendo, realiza su yo, se expresa, contacta con los demás integrantes de la situación psicodramática en la experiencia vivida en común. Dice Moreno, " La Catarsis de Integración es engendrada por la visión de un nuevo universo y por la posibilidad de un nuevo crecimiento (la ab-reacción y el desahogo de emociones son sólo manifestaciones superficiales.)"

7. Realidad Suplementaria[1]
Qué es? Como se define?

La historia de la realidad suplementaria más se debe al hecho que Moreno se fascinaba por la creatividad de los niños y los locos de este mundo. Notaba que su fantasía era muy activa y les movía a un mundo más allá de la realidad, de la institución, y muchas veces se manifestaba en la acción. Marx hablaba del plus-valía donde el capitalista se beneficiaba de la labor de sus trabajadores mucho más allá de sus gastos y los sueldos pagados a los trabajadores. El argumentaba que ese plus-valía, un valor suplementario, derivado de los trabajadores, debería ser devuelto a ellos.

Desde ahí, Moreno percibía que la realidad de la fantasía producida por los niños y los locos era mucho más allá de lo que él podría concebir. A esa producción él llamó de realidad suplementaria, y él sentía que existía en algún sitio, proyectado por las mentes de tales individuos; su idea era concretizarla y hacerla de una forma especifica de modos que podría ser devuelto a los protagonistas a quienes pertenecía. No era suficiente aceptarlo o respetarlo; su tarea era hacer con que tomen vida para que todo pueda participar. El veía que deba ser devuelto al protagonista donde tenía sentido y propósito. Sabía que no podía encontrarse con la llenura de la psique si él no vivía esa realidad suplementaria junto con el paciente. La realidad suplementaria, así como la plus-valía, es algo que debe ser compartida comunitariamente por aquellos que la producen, ya que es su propiedad y solamente tiene sentido si es compartida.

B. Matriz de Identidad:
☐ Lectura: *Psicodrama,* de Moreno, Sección IV.
☐ Lectura: *Que es el Psicodrama?* de Rojas-Bermúdez, Cáp.. 4.

Teoría sobre el Nacimiento:
Moreno veía el acto del nacimiento como un acto liberador, de espontaneidad; contrario a Otto Rank y Freud que lo perciben como un trauma. Según Moreno, el niño se encuentra en una situación nueva al nacer: no posee un modelo anterior, y por esto tiene que responder espontáneamente. (*Recuerdo: Espontaneidad es una respuesta adecuada a una situación nueva o una respuesta nueva a una situación antigua.*) Para poder sobrevivir, el niño tiene que emitir una respuesta adecuada: salir del útero, un proceso natural que el niño busca activamente. El niño se ayuda a nacer. Se calienta a través de los iniciadores físicos e interactúa con la madre (su auxiliar) o sus iniciadores físicos y mentales. Por esto no es un

---

[1] *Presentado en el congreso de la ASGPP, 1995, por Zerka Moreno.*

trauma: es el gran final de un acto que exigió nueve meses de preparación, donde el niño es el actor.

El nacimiento es una situación natural por la cual cada individuo debe pasar durante su desarrollo. El feto llega a término y nace para sobrevivir. Nace cuando las condiciones uterinas se vuelven insuficientes e insoportables. Sería fatal seguir en el útero.

En términos psicodramáticos, durante el parto:

La madre es al Auxiliar. El feto es al protagonista. El proceso de preparación es el calentamiento. El nacimiento es la dramatización. El resultado final del nacimiento es una catarsis de integración. El *locus nascendi* es la placenta del útero de la madre. El *status nascendi* es el tiempo de la concepción. La *matriz nascendi* es el óvulo fertilizado donde se desarrolla el embrión.

- □ **Ejercicio**: Hacer una imagen o representación donde se puedan ilustrar los elementos arriba mencionados.
- □ **Ejercicio**: Hacer una imagen demostrando la diferencia entre la perspectiva de Rank/Freud y Moreno.

Matriz de Identidad

Es la placenta social y el Primer Universo del niño (que termina con la brecha entre la fantasía y realidad; ocurre alrededor de los seis años, dando inicio al Segundo Universo.) La Matriz de Identidad es la base para los futuros actos combinatorios. Es donde se implanta el niño al nacer (en general, la familia) y que le va nutrir y de la cual depende para su supervivencia. Inicialmente es más fisiológica pero después se vincula a procesos psicológicos y sociales. A la Matriz de Identidad le cabe la tarea fundamental de transmitir la herencia cultural del grupo a que pertenece al individuo, y de preparar a éste para su posterior incorporación a la sociedad. Esta transmisión de la herencia cultural se realiza a través de los roles existentes en cada Matriz de Identidad. Los roles son ofrecidos al niño y hay una relación directa entre el número de roles ofrecidos al niño y el tiempo de dependencia en la Matriz de Identidad (por ejemplo, medios rurales vs. medios urbanos).

El proceso de la Matriz de Identidad tiene *cinco etapas:*
1. Completa y total identidad con la madre (caos).
2. Su otra y extraña parte.
3. Separar una parte de la continuidad (delimitación) de la existencia y dejar afuera las otras partes, incluso a si mismo.
4. Ponerse en el rol del otro y jugar su rol (con cosas).
5. Jugar el rol del otro en relación a alguien.

Estas cinco etapas son las bases psicológicas para todos los procesos de desempeño de roles y para fenómenos tales como la imitación, la proyección y la transferencia.
- □ **Ejercicio**: Hacer una imagen o representación de la Matriz de Identidad.

Con el Segundo Universo, hay una diferenciación de roles:
- o los *roles psicosomáticos*, que corresponden a la matriz de identidad total, en la que los componentes reales y fantásticos estaba fundidos en una serie de roles.
- o los roles sociales y psicodramáticos que surgen de la brecha entre fantasía y realidad.

o los *roles sociales* relacionan al niño con personas, cosas y metas en el ambiente real, exterior a él.

o los *roles psicodramáticos* relacionan al niño a personas, objetos y metas que él *imagina* son exteriores.

C. El Encuentro, *Psicodrama, Moreno*, pag. 17. Memorizar el poema.

D. Filosofía Moreniana

      □ Leer Psicodrama, Moreno, Sección III, La Revolución Creadora, pp. 65-79
      □ Leer *Psicología del Encuentro*, de Garrido Martín.
      □   Leer   *Las   Palabras   del   Padre,*   de   J.   L.   Moreno

1. *Marcos de referencia* en la obra de Moreno: Bergson, Kierkegaard, Existencialismo heroico, hasidismo/ Martín Buber, y Marx.
2. La psicología terapéutica de Moreno y el psicoanálisis de Freud
3. Constantes psicológicas del pensamiento de Moreno: La filosofía del momento; *Status nascendi*; Existencia-realidad; Elementariedad; La ciencia *in situ*; La objetivación del subjetivo; Sistemas de validación.

Las 4 experiencias originarias del PSDR:

1. El juego de ser Dios
2. La revolución en los jardines de Viena (1908-11)
3. Dramatización del 1º abril, 1921 - "Quién podrá ser el rey de Austria y dirigir al país?" El público era el jurado. Nadie fue aprobado.
4. Caso Bárbara - Teatro de Espontaneidad que se transforma en Teatro Terapéutico en 1923.

III. Metodología del Psicodrama

☐ Lectura: Rojas-Bermúdez, *Que es el Psicodrama*, Cáp. 9.
☐ Monografia de Zerka Moreno sobre *Reglas del Psicodrama*.
☐ Lectura: *Técnicas Fundamentais do Psicodrama*, Regina Monteiro. (en portugués).
☐ Lectura: D'Andrea, Flávio Fortes (1987). **Psicodrama: Teorias y Técnicas**. Rio de Janeiro: Editora Bertrand Brasil S/A. (en portugues)

► **La sesión de psicodrama:** [2]
1. Contextos:
A. *Social* - "la realidad social" o extra-grupal
    1. regido por leyes y normas sociales que se impone al individuo que lo integra, determinadas conductas y compromisos.
    2. en este contexto viven y en el se enfermaron.
B. *Grupal* - el propio grupo. Es particular a cada grupo que hacen su propia historia.
    1. Corresponde al grupo alrededor del escenario
    2. hay mas libertad, tolerancia y comprensión entre los miembros del grupo que en el contexto social.
C. *Dramático* - la escena montada por el protagonista junto con el director. Se desarrollan los roles en el "como se".

Es importante mantener los contextos separados con la finalidad de ofrecer al protagonista un ambiente especial donde se sienta suficientemente seguro y protegido para poder expresar, a través de los roles vividos, su sentimientos más ocultos y realizar sus actos más temidos.

► **Instrumentos Fundamentales del Psicodrama:**
1. El **Protagonista** es el que trae el tema. Es la porta-voz del tema grupal. Es autor y actor.

2. El **Escenario** es el lugar de la dramatización. Moreno lo hacía en círculos concéntricos con la galería arriba para las figuras heroicas, míticas o transcendentales.

3. **Yo Auxiliar o Auxiliar** ayuda al protagonista a desarrollar su drama. Hace parte de la Unidad Terapéutica (en conjunto con el Director).
    a. No debe desvirtuar los mensajes del Director.
    b. Director debe saber proteger al Auxiliar.
    c. Es un prolongamiento o extensión del Director que entra en contacto con el Protagonista, pero también está al servicio del Protagonista, como su instrumento para realizar su dramatización.

Funciones del Auxiliar:
    a. Actor
    b. Agente terapéutico - toma la idea del Director y la transforma en acción adecuadamente.
    c. Investigador social - es un observador participante.

---

[2]Resumen del Capítulo 1, de Jaime Rojas-Bermúdez. *¿Qué es el Psicodrama?*

4. El **Director/Terapeuta** es el responsable por el psicodrama.
Funciones del Director:
        a. Productor - es quien concretiza las escenas
        b. Terapeuta - inicia, termina y puntúa la sesión.
        c. Es una analista social.

5. **Auditorio/Grupo/Audiencia** - es el contexto grupal. Cuanto mas se conocen entre ellos, más espontaneidad habrá y menos temor a la acción.

▶ **Etapas de la Sesión de Psicodrama:**
1. *Caldeamiento/Calentamiento*
a. Inespecífico - El Director entra en contacto con el auditorio con la finalidad de realizar
        una actividad común.
        - centralizar la atención del Auditorio
        - disminuir los estados de tensión
        - facilitar la interacción
b. Especifico - Se realiza con el protagonista, el emergente del grupo; prepararlo para
        dramatizar. También el Director se está preparando para la dramatización,
        caldeamiento del Director.

El caldeamiento es esencial para una buena dramatización y una acción terapéutica efectiva. Cuando una dramatización fracasa, generalmente es porque el caldeamiento no fue desarrollado suficientemente.

2. *Dramatización*
Es lo que caracteriza el psicodrama.
- Permite la observación "en vivo" y en el "aquí y ahora" de la estructura del material a ser investigado.
- Estudiar los dinamismos psico-sociales.
- Transformar el material anecdótico en material presente y vivencial que comprometa afectivamente a los participantes.
- operar terapéuticamente en el "aquí y ahora".
- verificar las modificaciones ocurridas por la introducción de elementos terapéuticos y su estabilidad.
- controlar la evolución del cuadro clínico a través de pruebas de realidad experimentales.

    Prácticamente, la dramatización se inicia con el encuentro entre el Director y el Protagonista. El material que trae el Protagonista es puesto en escena con la mayor fidelidad posible, sin descuidar ningún de sus detalles y circunstancias. La finalidad de la dramatización es alcanzar el insight (percepción) psicodramática.

    Moreno decía que la dramatización cumple su acción terapéutica cuando:
1. Alcanza un alto grado de espontaneidad.
2. Obtener una buena puesta en escena o representación, adecuada de la situación y del protagonista.
3. Quedar envuelto y comprometido en la acción Es necesario el compromiso afectivo y emocional. *(Principio de participación-involucramiento.)*

4. Externalizar y jugar los diferentes personajes, reales o imaginarios, concretizando las imágenes. (*Principio de realización.*)
5. Permitir la introducción en la acción dramática de todo indicio que dé el protagonista.
6. No perder jamás el contacto con el Auditorio.
7. Mantener la congruencia entre la dramatización y la línea vital del individuo.

3. *Comentarios y Análisis (Sharing):*

La atención se centra en el Auditorio y les solicita a los miembros sus sentimientos, opiniones y comentarios referentes a la dramatización en sí, al protagonista y a ellos mismos. En este momento se vuelve al grupo y juntos se elaboran los distintos aspectos de la dramatización. Se comparte sobre:

- El punto de partida que dio es el protagonista.
- El tema y los elementos de la dramatización, lo que fue dramatizado.
- El material actual del grupo.

Se trata de integrar los aspectos individuales con los grupales y sus interacciones dentro de la sesión. Considerase el protagonista como un emergente, desde el individual hacia el grupal. La búsqueda sistemática de las vivencias experimentadas por el auditorio tiene un sentido de apoyo para el protagonista, ya que disminuye considerablemente la persecutoriedad del grupo.

Capitulo 9, *Qué es el Psicodrama?* de Rojas-Bermúdez. Técnicas de Psicodrama: Doble, Espejo, Inversión de roles, Entrevista del rol, Soliloquio, Autopresentación, Realización simbólica, Realidad suplementaria, Concretización, Sin palabras, Interpolación de resistencia, Proyección hacia al futuro, Silla vacía

▶ **La Unidad Funcional**
▢ Lectura: *Que es el Psicodrama?* Rojas-Bermúdez, Cáp. 3.
  1. Definición
  2. Interacción y distribución de funciones
  3. Patología de la unidad funcional
  4. Entrenamiento de la unidad funcional

▶ **Tipos de psicodrama**

1. Onirodrama. El Psicodrama de los sueños. Un ejemplo en la monografía de Z. Moreno.
2. Axiodrama. Psicodramas o Sociodramas que tienen como protagonista un tema existencial, metafísico o religioso.
3. Bibliodrama. Una forma de axiodrama que toma como tema algún aspecto, historia o evento tomado de la Sagrada Biblia.
4. Sociodrama. Donde el protagonista es el grupo y no el individuo; trabaja con roles sociales.
  ▢ Leer del artículo sobre *Sociodrama como Herramienta de Diagnóstico Social: Una Experiencia en Paraguay,* por Esly Regina Carvalho y Heve Otero.

▶ *Playback Theatre* o *Teatro de Reprise.*
▢ Leer el texto Playback Theatre/Teatro de Reprise, por Jonathan Fox.

IV. Teoría y Técnica de la Sociometría

☐ Leer en *Psicodrama*, de Moreno las páginas 213-221.
☐ Leer en *Fundamentos de la Sociometría*, de Moreno, Tomo I (las primeras 100 páginas).
☐ Leer en *Introducción al Psicodrama*, de Rojas-Bermúdez, página 59, Roles.
☐ Leer en *Psicoterapia Psicodramática*, de D. Bustos, Cap. 6.

► **Teoría de los Roles** (resumen de las lecturas arriba citadas)

Rol: son unidades culturales de conducta y por lo tanto poseen las características y las particularidades propias de la cultura en que se han estructurado. Viene de *"rollo"*, los pergaminos enrollados alrededor de un cilindro, o libros primitivos, para que los actores puedan memorizar sus partes..

Según Eugenio Garrido Martín, el rol es la posición que una persona asume dentro de la sociedad; según Linton, es el aspecto dinámico del *status*. Así pasó a ser concepto utilizado por sociólogos y antropólogos, y que también está invadiendo el campo de la psiquiatría. Delimitando progresivamente el contenido del rol, llegamos a percibir que el hombre no puede vivir solo y que, viviendo con los demás, tiene que adaptarse a ciertas reglas de convivencia. (Martín) Toda persona nace en una cultura existente o red social. La realidad de tal cultura es definida personal y colectivamente.

Podemos también decir que el rol es el aspecto tangible del ser. No constituye el yo ni tampoco la persona. Esto significa que si queremos definir el yo de una manera experimental debemos recurrir a los roles que él desempeña.

Al insistir en esta idea, Moreno afirma que este yo psicológico es posterior al desempeño del rol. Mas que esto, el yo psicológico o experimental surge desde desempeño de roles. El argumento es que el hombre no puede experimentarse como ser, sino a través de la conducta, biográficamente, un niño no podrá tener conciencia de si mismo sino al comenzar a desempeñar los roles. Lo primero que existe es el rol y de él surge el yo. El *self/yo* emerge de los roles y no vice-versa. El rol es una abstracción que existe para dar nombre a ciertas acciones.

Es obvio que un solo rol no puede constituir el aspecto experiencial del yo. Por esto en la vida tenemos muchos roles. Los roles y las relaciones entre los distintos roles constituyen la mejor revelación de una determinada cultura.

1. Tipos de roles:

a. **Psicosomáticos**, ligados a funciones fisiológicas indispensables relacionados con el medio (comer, dormir, defecar, orinar, etc.)

b. **Roles sociales**, corresponden a las funciones sociales en las que se desenvuelve el individuo y por medio de las cuales se relaciona con su ambiente. Los roles sociales se adquieren en la matriz de identidad los grupos a los que se va perteneciendo, por lo que su número y característica dependerán de dicha matriz. Adecuación cultural..

c. **Roles psicodramáticos** expresan la dimensión psicológica del Yo. Son todos aquellos roles que surgen de la actividad creadora del individuo; involucran tanto a los pre-existentes como a los de la fantasía y aquello que los determina es el matriz creativa que se les imprime, y no su carácter en sí.

2. Repertorio de roles:
Los distintos roles que poseemos en la vida. Cuando tenemos muchos roles, hablamos de riqueza de rol, Cuando los roles son pocos, hablamos de un

repertorio pobre de roles. Se trata de la variedad de roles que un individuo es capaz de jugar; su flexibilidad, la comprensión de los otros, y la habilidad para identificar una gran variedad de roles que no sean los suyos.

3. Diagrama de roles: (Ver p. 218, de *La Psicología del Encuentro*, de Eugenio Garrido Martín.) Este diagrama representa los tres tipos de roles, precursores del yo. Los roles psicosomáticos están en el círculo interior. Los dos círculos concéntricos representan los roles sociales y psicodramáticos, separados por una línea punteada, indicando que la división entre ellos es frágil. A los roles sociales atribuimos un espacio más pequeño, por estiren menos intensamente desarrollados que los psicodramáticos. En términos evolutivos, los roles psicosomáticos ingeridor, eliminador, dormidor, etc.) surgen primero. Los roles psicodramáticos y sociales se desarrollan más tarde, siendo que el dominio de los roles psicodramáticos es mucho mas extensivo y predominantes que los roles sociales. Después de establecerse la brecha entre fantasía y realidad, los roles sociales y psicodramáticos, que hasta entonces estuvieron mezclados, empiezan a diferenciarse. Los roles de madres de hijo, de hija, etc. son denominados roles sociales y separados de las personificaciones de cosas imaginadas, reales y irreales. A tales personificaciones llamamos roles psicodramáticos.

Las percepciones sobre lo que es un rol, y las expectativas que uno tiene para la dramatización para tal rol son descritas. Muchas veces, la primera respuesta es observar el rol, imitarlo de tal manera que se pueda familiarizarse con él. A través de interacciones con otras personas recibe feedback en cuanto a su capacidad de desempeñar el rol. Con base en tal devolución la persona hace la decisión se va o no incorporarlo en su repertorio, o se va a experimentar todavía más. O quizás va a descartar el rol.

El acceso a los roles es vital al desarrollo del Self. El ego necesita de roles para poder operar. Aquí es donde el estudio sociométrico es muy útil ya que pude explorar cuidadosamente el acceso a roles que tienen los miembros del grupo.

4. Aprendiendo un rol: No nacemos "sabiendo" nuestros roles, por lo tanto, todos tenemos que aprender los roles que necesitamos en la vida. Hay algunos roles que son esenciales para la supervivencia y buen desarrollo de la especie, tales como los roles de Madre y Padre (y sus roles auxiliares). Hay otros que necesitamos para poder sobrevivir socialmente (Buen/a Amigo/a), a nivel profesional (Trabajador/a). Por otro lado, hay roles que talvez nunca aprendemos (astronauta, tatarabuela, escritora famosa, arquitecto, etc.)

Entrenamiento de roles - dramatizar una escena antigua o una nueva done el protagonista puede entrenar cambios o mudanzas.
1. Elegir la conducta que necesita de cambio
2. Escena reciente donde tal cambio es necesario
3. Dramatizar la escena a la moda antigua
4. Dramatizar la escena de una nueva manera.

5. **Ascendencia y descendencia de los roles:** También es importante llevar en consideración la ascendencia y descendencia de un rol. Cuando se está aprendiendo algo nuevo hay más ansiedad ligada al rol ya que está sub-desarrollado y todavía

experimental. El rol bien desarrollado es uno donde hay suficiente espontaneidad presente para producir novedad y adecuación. Los roles en descendencia son los que están generalmente sobre desarrollados, y la rigidez está más evidente.

6. Role-taking, role-playing, role-creating: entrenamiento para el rol

- Role-playing = jugar el rol; aprender el rol. Solo se lo puede usar para resolver problemas, encontrar alternativas, tomar decisiones, entrenar liderazgo o habilidades en relaciones humanas, etc.
- Role-taking = tomar el rol; desempeñar el rol, ciñéndose a sus características
- Role-creating = crear el rol; enriquecer o modificar al rol.

7. Átomo social: Átomo social es el núcleo de personas a quien uno está ligado. Las conexiones tienen un factor de "distancia a cercanía". Cuando las personas exploran sus átomos sociales identifican a *quienes* están incluidos y *quienes* están excluidos. Se puede mirar al átomo social de dos direcciones: del individuo hacia la comunidad o de la comunidad hacia el individuo.

◻ Ejercicio de exploración del átomo social
◻ Enumerar todos los roles que tengo. Hacer un "núcleo" de roles. Cómo el contra-rol me percibe.
◻ Hacer el ejercicio de sociometría de semáforo.

►Teoría sociométrica

◻ Leer *El Teste Sociométrico*, de Dalmiro Bustos.
   1. Elecciones sociométricas y sus criterios
   2. Introducción a ejercicios sociométricos
   3. Fundamentos de la sociometría
   4. Ontología de la Teoría Social

► El Test Sociométrico y Confrontaciones Terapéuticos

◻ Leer el texto *Sociometría, el Teste Sociométrico y los Confrontaciones Terapéuticos*.
◻ Leer el texto, *Momentos en el Desarrollo del Grupo en que el Test Sociométrico. puede ser útil*.

Vivencia práctica del Test Sociométrico con el grupo de formación:

   1. Aplicación del Test
   2. Confrontaciones Terapéuticas
   3. Corrección del Test

V. Juegos Dramáticos

☐ Lectura: Juegos, por Tian Dayton. (Resumen de algunos ejercicios de *The Drama Within*)
☐ Lectura: Juegos, por Heve Otero.
☐ Lectura: *Jogos Dramáticos*, por Regina Monteiro. (en portugués).
☐ Lectura: O jogo no Psicodrama, por Julia Motta (en portugués.)

▶ **Funciones del juego,** por © Esly Regina Carvalho, Ph.D.

1. Para calentamiento en grupos nuevos, para ayudar en la vinculación y crear confianza entre los miembros.
2. Diagnóstico grupal.
3. Función sociométrica.

La regla básica del uso del juego es la adecuación: el juego fue hecho para el grupo, y no el grupo para el juego.

Preguntas que uno debe hacerse al elegir determinado juego:
1. ¿Qué quiero alcanzar como mi meta?
2. ¿Cuál es la propuesta del grupo?
3. ¿Cuál es la temática/problemática que el grupo viene desarrollando?
4. ¿Cómo adecuar el juego al momento del grupo?
5. ¿Cuáles los pasos para desarrollar el juego?
6. ¿Habrá tiempo suficiente para empezar y terminar?
7. ¿Qué nivel de vinculación/confianza existe entre los miembros del grupo?
8. ¿Cuánto tiempo hace que están juntos?
9. ¿Qué nivel de madurez ya tienen - como grupo? ¿como personas?

Límite de si mismo. Cuando está relajado, el límite es más pequeño. Cuando está más tenso, aumenta el límite de si mismo, y se pierde el acceso a muchos roles.

La utilización del juego como objeto intermediario

(Ver teoría de los roles de Jaime Rojas-Bermúdez.) El objeto o juego es utilizado para ayudar a crear el vínculo cuando este es muy amenazador. Se crea primero el vínculo indirecto, a través del juego, para que con el tiempo se pueda sacarlo y hacer una vinculación directa. Muy utilizado con psicoterapia con niños y psicóticos. Por ejemplo, el niño puede admitir que el gato y el perro pelean, pero no que su padre y madre lo hacen. Se puede usar marionetas, collage, dibujos, juguetes, etc.

Tarea: Describir un juego para ilustrar cada uno de los cinco tipos de juego arriba mencionados.
    A. El Juego y sus aplicaciones
    B. El juego como objeto intermediario
    C. Tipos de juegos:

►Tipo de juegos:
Hay distintos tipos de juegos: pueden ser juegos de calentamiento, corporales, psicodramáticos, sociométricos o pedagógicos.

1. Calentamiento: *Juegos de calentamiento:* son para ayudar a encoger el límite de si mismo para que mas roles se asomen. Tendremos una mayor riqueza del Núcleo del Yo; mayor acceso a la espontaneidad. En
general, son juegos más livianos, muy poco comprometedores, donde no se expone la vida íntima de los participantes. *Ejemplos:* Juegos rompe-hielo.

2. Psicodramáticos: *Juegos dramáticos:* se parecen con los juegos de dinámica de grupo, pero tienen una propuesta más terapéutica; tienen como objetivo formar vínculos con el terapeuta y entre los miembros del grupo. Hay otras formas de juegos psicodramáticos: visualización, viajes imaginarios, fantasías, psicodrama interno, dramatización de cuentos, etc.

3. Sociodramáticos: Juegos sociodramáticos son aquellos que llevan en consideración los roles de la vida; pueden explorar distintos aspectos de los roles, su desarrollo; incluyendo role-playing.

4. Sociométricos: *Juegos sociométricos:* ofrecen un "diagnóstico" de la estructura grupal. En general, son juegos donde hay un todo y cada miembro debe representar alguna parte del todo. Por ejemplo, un juego donde se construye el cuerpo humano y cada miembro del grupo debe elegir ser una parte del cuerpo. Esto nos enseña qué función tiene cada uno en el grupo.

5. Educativos: *Juegos educativos:* son juegos con el objetivo de aprendizaje, y de desarrollar determinado rol en la vida de lo(s) individuo(s). Pueden ser un tipo de role-training, entrenando a la persona para un rol. Por ejemplo, en talleres de preparación de gestantes, se busca desarrollar el rol de madre. Se puede trabajar en talleres específicamente para esto; usarlo en terapia para ayudar al participante a manejarse en situaciones nuevas, una vez resuelto los obstáculos que le impedían de vivir cierto rol; o aún en situaciones de escuela, donde se usa el juego y la dramatización como forma de enseñanza: cómo interactúan las partes de una célula, donde cada alumno hace el rol de alguna parte, el núcleo, la mitocondria, el DNA, etc.

6. Corporales: *Juegos corporales*: son útiles en muchas situaciones, pero como juego de calentamiento pueden ser amenazadores por el contacto físico con personas muchas veces desconocidas. El juego corporal elimina el verbal y hace que las personas entren en contacto con sus sentimientos y con su propio cuerpo. Es especialmente útil con un grupo que está racionalizando mucho, manteniendo un nivel exclusivamente intelectual. Sirve para profundizar el vínculo entre los miembros del grupo, criando una intimidad más grande.

Hay diferentes niveles de juegos corporales, algunos más livianos y otros más fuertes. El calentamiento para los juegos corporales es fundamental, yendo del más superficial hacia lo más profundo. Por ejemplo, un juego donde los participantes deben buscar una pareja a través de la mirada es más tranquilo que un juego donde los participantes deben masajear partes del cuerpo de la otra persona.

El juego corporal y el contacto físico dan el límite corporal, el límite físico de si mismo. Ayudan en la integración entre mente y cuerpo, buscando acabar con la dicotomía muchas veces existente entre mente y cuerpo. Es especialmente útil en el trabajo con psicóticos ya que ellos no siempre tienen claro el límite físico/corporal.

7. Devocionales/religiosos: Juegos devocionales son aquellos donde se trabajan temas religiosos, espirituales o devocionales. Muchos son basados en temas bíblicos. (Ver *Juegos Dramáticos para Cristianos*, de Esly Regina Carvalho.) También hay juegos que llevan al desarrollo de Bibliodramas, el role-playing de historias bíblicas (ver Manual de Bibliodrama, www.plazadelencuentro.com) y Playback Bibliodrama, donde la persona asiste la dramatización de alguna historia bíblica.

VI. Ética

A. Código de Etica de Moreno

B. Consideraciones éticas para el Psicodrama
    1. Relaciones duales
    2. Honorarios/Intercambio
    3. Terapias paralelas
    4. Relaciones con colegas/remisión de pacientes.

    □ Contestar las preguntas sobre ética al final del Código de ética de Moreno

▶ **Código de Ética de AAMFT** *(Resumen del código de la American Association of Marriage and Family Therapy)*

A. Responsabilidades hacia el cliente:

1. No discriminarlos.
2. No explotar la confianza de las personas. Evitar relaciones duales: relaciones laborales o personales con clientes.
3. Es prohibida la intimidad sexual con clientes. Intimidad sexual con ex-clientes es prohibido durante dos años después de haber terminado la terapia (AAMFT). El estado de Florida lo prohíbe por toda la vida.
4. No se puede usar la relación terapéutica para fines de provecho propio.
5. Mantener la relación terapéutica únicamente mientras sea provechosa para el cliente.
6. Remitir apropiadamente. Si el terapeuta se da cuenta que no puede tratar un paciente, por alguna razón, debe remitir al paciente a otro terapeuta o profesional que sea más competente en dicha área o que mejor atienda los intereses del paciente.
7. No se puede abandonar o ignorar los clientes. Se debe hacer arreglos apropiados para la continuación de la terapia.
8. Hay que tener permiso escrito del cliente antes de hacer grabaciones (video o audio) o antes de permitir la observación por terceros.

B. Confidencialidad

1. Se rompe el sigilo profesional en los siguientes casos (AAMFT):
a. Cuando la ley lo exige.
b. para evitar un peligro inminente a la(s) persona(s).
c. en casos de defensa del terapeuta en cortes civiles como consecuencia de una acción judicial.
d. permiso por escrito, y apenas según los términos del permiso.
e. el uso de material de los clientes solamente puede ser hecho público con permiso del cliente o de tal forma que no se lo pueda identificar.
f. los apuntes de las sesiones deben ser guardados de tal forma que aseguren la confidencialidad.

C. *Integridad Profesional*

1. Un profesional debe dejar su ejercicio profesional en casos de:

        a. convicción penal

        b. por ser expulsado de su respectiva entidad profesional

        c. si su(s) licencias para ejercer son suspendidas

        d. por pérdida de su capacidad intelectual, mental o física, o por abuso de alcohol y/u otras substancias.

2. Un terapeuta debe buscar ayuda para sus problemas o conflictos personales que pueden impedir su desempeño o evaluación clínicos.

3. Un profesional debe mantener altos niveles de estudios académicos y presentar información precisa. Debe continuar sus estudios aunque de manera informal.

4. El profesional no debe tener relaciones sexuales o cualquier otro contacto sexual con sus clientes, entrenados, alumnos, o cualquier otro personal que esté bajo su supervisión; colegas o testigos que estén en procesos judiciales; tampoco explotar o asediar a cualquier de las personas arriba descritas.

5. El profesional no debe diagnosticar, tratar o aconsejar sobre problemas que están más allá de su conocimiento profesional. Deben tener cuidado y prudencia al tratar de sus asuntos en público: radio, televisión, etc.

D. *Arreglos Financieros*

1. El profesional no debe recibir u ofrecer dinero por personas que le son remitidas o que remite a otros profesionales.

2. El profesional no debe cobrar honorarios excesivos por sus servicios.

3. El profesional debe revelar el costo de sus honorarios al iniciar su servicio.

4. El profesional debe representar de forma honesta y transparente las informaciones sobre servicios rendidos. También debe ofrecer informaciones verdaderas en su propaganda profesional: nombre, títulos y servicios que ofrece.

VII. Psicodrama Terapéutico

□ Leer el texto, *Factores Terapéuticos del Psicodrama,* por Adam Blatner y Allee Blatner.
□ Leer, Sección VI, O Psicodrama, Moreno, pp. 245-309

A. Núcleo del Yo - Rojas-Bermúdez/Victor Dias) y nociones de psicopatología
    □ Leer capítulo 5, de *¿Que es el Psicodrama?* de Rojas-Bermúdez.

B. Práctica de Dirección (Terapéutico)
    1. Escenificación
    2. Hipótesis de Trabajo
    3. Manejo de Técnicas
C. Responsabilidades formales del terapeuta:
    1. Contrato
    2. Honorarios
    3. Horarios
    4. Vacaciones y ausencias
    5. Aspectos éticos
    6. Talleres de dirección
D. Psicodrama con Grupos
    □ Leer, *Nuevos Rumbos en el Psicodrama,* D. Bustos
    1. Contrato
    2. Sigilo
    3. Honorarios
    4. Pasando el paciente para grupo.
E. Psicodrama Individual
    □ Leer, *Psicodrama Bi-pessoal,* Cukier (portugues)
    1. Psicodrama Individual y Bi-personal (à deux; monodrama)
    2. Técnicas adaptadas al Psicodrama Individual
    3. Dificultades específicas del Psicodrama Individual
    4. Psicodrama Interno
    □ Leer, *Sonhos y Psicodrama Interno,* V. Dias (portugues)

► Psicodramas Especiales:

1. Psicodrama con Parejas
    □ Leer, *Psicodrama,* de Moreno, pp.316-331.
    □ Leer, *¡Peligro a Vista!* de D. Bustos.

Apuntes de Clases con Iris Soares, Brasil, 1981:
    La terapia es clara y programada. Normalmente el contrato es de 15 sesiones, pero puede ser re-negociada al final de cada contrato. CAda sesión dura aproximadamente una hora y media.
    Se hace entrevistas iniciales para evaluar si la terapia de pareja es indicada o no. Entrevista individuales con cada uno/a permite saber si hay "terceros/as" en la relación, secretos que no están dispuestos a compartir con su pareja, etc. Estos indicios de que *no* se debe proceder con la terapia de pareja. Si no están dispuestos a compartir sus secretos, la

pareja debe ser enviada a terapia individual o de grupo (en grupos separados, por supuesto). Iris suele trabajar con yos auxiliares (un hombre y una mujer), y si la terapia de pareja es indicada, ella explica la función de los yos auxiliares a la pareja.

Temas de trabajo en las sesiones:

1a. sesión: "*Cómo es que cada miembro percibe a la familia?* Se hacen las imágenes con almohadones, objetos, etc. y se trabaja la percepción de cada uno.

2a. sesión: "*Si las cosas siguen como están , qué pasará?*" La fantasía que cada uno trae a la sesión de lo que puede pasar a ellos.

3a. sesión: "*Cómo sería el matrimonio ideal?*" Qué cambiarían para no llegar a lo que fue descrito en la segunda sesión? Aquí empieza la negociación, las confrontaciones terapéuticas, y los auxiliares ayudan con dobles y soliloquios.

4a. sesión: "*Cómo serán los próximos diez años?*"

A la medida de lo necesario, se "viaja" al pasado de cada uno intentando entender su historia y los síntomas actuales. Vale o que ocurre en el escenario.

2. Psicodrama con Familias

□ *Sociodrama Familiar Sistémico*, de M. R. Seixas (portugués)

□ *Sociodrama familia*, p.201 de Cuadernos de Psicoterapia, Buenos Aires: Ediciones Genitor, XIII-XIV, 1978.

3. Psicodrama con Niños

□ *Psicodrama con Crianças*, de C. Salles. (portugués)

□ *A Sociometria e a Criança*, Dalka Chaves de Almeida Ferrari (Revista Brasileira de Psicodrama, Ano I, Número 1, 1990).

4. Psicodrama con Adolescentes

5. Psicodrama con Psicóticos

□ Leer el texto, *Psicodrama con Psicóticos: La Re-matrización de la Relación Padre/Hijo*, por Esly Regina Carvalho y M. Conceição Coêlho Krause.

□ Leer el texto: *Psicodrama no Hospital Psiquiátrico*, pp. 58-60, D'Andrea, Psicodrama: Teorias y Técnicas.

□ Leer *El Psicodrama da Loucura*, de José Fonseca Filho (en portugués).

VIII. Psicodrama Educativo

      ☐ Lectura: Texto *Psicodrama Pedagógico*.
      ☐ Lectura: *Qué es el Psicodrama? Rojas-Bermu dez*, Cap. 5.
      ☐ Lectura: *Psicodrama Pedagógico*, Diniz (portugués)

A. Responsabilidades formales del psicodramatista educativo
    1. Hoja del derecho del cliente
    2. Contrato
    3. Honorarios
    4. Horarios
    5. Vacaciones y ausencias
    6. Aspectos éticos
    7.

B. Introducción a teoría de grupo

C. Facilitación de grupos y juegos
      ☐ Leer, *O Jogo no Psicodrama*, Julia Motta (portugues)
      ☐ Leer, *Poética del desenmascaramiento, Caminos de la cura*, Buchbinder.

D. Psicodrama aplicado a la Educación

E. Psicodrama aplicado a la Empresa
      ☐ Lectura, Psicodrama nas Instituições, de Ricotta (portugués)

F. Especialización en Juego de la Vida, de Dr. Carlos Raimundo

G. Especialización en Tienda Mágica

H. Especialización en Sociodrama

I. Especialización en Teatro Espontáneo y Playback Theater

X. Artículos Para Lectura

El Teatro de Playback o Teatro de Reprise, *Jonathan Fox(Carta circular, 1997.)*[3]

El *Teatro de Playback* o *Teatro de Reprise* (como es conocido en el Brasil) ha sido aliado del psicodrama desde su inicio hace 20 años. Filosóficamente, el Teatro de Playback, como el psicodrama, enfatiza la acción dramática, la espontaneidad/creatividad, la validación existencial, y el poder sanador de los grupos. También hay una conexión histórica profunda.

Sin embargo, metodológicamente hay diferencias significativas. Siguen cuatro:

1. El Teatro de Playback, con sus raíces en la tradición estética, utiliza más el cerebro-derecho que el psicodrama. Depende más de la imagen, movimiento, y música, y menos de las palabras. Esto significa que muchas veces en Teatro de Playback no habrá ningún esfuerzo en producir una percepción ("insight") cognitiva, y seguiremos en dramatizar otra historia en vez de compartir. Por lo tanto, en vez de un proceso donde el drama lleva a la discusión de una mutua identificación y conciencia, un diálogo muy distinto ocurre: indirecto, de muchas camadas, que se mantiene dentro de la esfera de la metáfora.

2. Las dramatizaciones del Teatro de Playback son cortas. En el Teatro de Playback tenemos muchos formatos - algunos de ellos, como las esculturas fluidas y las parejas, son extremamente cortos. Aún lo que llamamos de una historia suele terminar en 10-15 minutos. Un proceso más detallado de buscarse protagonista no es necesario porque habrá tiempo suficiente para muchos Contadores de historia (en la práctica, la conciencia sociométrica del Conductor debe ser altamente desarrollada porque hay *muchos* momentos de elección.) Además, mientras las historias contadas en el Teatro de Playback son corregidas o transformadas, hay menos tendencia de buscar una dramatización el la realidad suplementaria por el Conductor que sabe que la próxima historia, aún de otro Contador, probablemente completará al anterior.

3. Los actores de Teatro de Playback tiene autoridad creativa y terapéutica. El equilibrio de poder entre protagonista/Contador, yo auxiliar/actor, y el director/Conductor es diferente en los dos métodos. En el Teatro de Playback, el conductor "entrega" la historia a los actores, y anima al Contador que no interrumpa hasta que hayan terminado. Esa diferencia pone el énfasis en Teatro de Playback sobre la comprensión y creatividad de los actores.

4. El Teatro de Playback es basado en el altruismo. El psicodrama, como hemos aprendido y heredado de los Morenos, (Jacob y Zerka) pone un énfasis en la auto-aserción del protagonista, mientras en el Teatro de Playback hay un propósito mucho más colectivo, que involucra el diálogo grupal y el compromiso altruista de los actores.

---

[3]Jonathan Fox, Director de la School of Playback Theatre. Traducido con permiso. 137 Hasbrouck Rd., New Paltz, NY 12561 USA. Tel: 914 255-8163 Fax: 914 255-1281. Internet: www.playbacknet.org/school

Sociometría, El Test Sociométrico y las Confrontaciones Terapéuticas,
Esly Regina Carvalho

J.L. Moreno, el fundador del psicodrama, desarrolló la sociometría: del Latín socius = social; *metrum* = medida, esto es, la medida de las relaciones sociales. El afirmaba que todos tenemos una capacidad de percibir a las personas y las cosas, y a la vez, de ser percibidos. A esta capacidad de percepción bi-direccional él llamó de *tele* (del griego, *a distancia)*.

El decía que usábamos nuestra capacidad *télica* para hacer ciertas evaluaciones inconscientes en cuanto a las personas: por ejemplo, podemos elegir a alguien que nos atrae y a quien queremos acercarnos de una forma positiva; a alguien que por alguna razón no me cae bien o no me gusta, de una forma negativa, alejando me de ella; y hay otras personas que en este momento no me dicen nada, en general, personas que recién la conocimos o que conocemos poco. A éstas podemos elegir de forma neutral o indiferente, porque todavía no sabemos en qué dirección (positiva o negativa; de cercanía o lejanía) que la relación se va a desarrollar.

Cuando queremos estudiar la estructura de un grupo, podemos utilizar los juegos sociométricos que nos ayudan a diagnosticarla. También la sociometría nos dará informaciones aún más precisas y numéricas, especialmente cuando empleamos el Test Sociométrico, inventado por Moreno, pero trabajado y revisado también por D. Bustos (*El Test Sociométrico*) y Ann Hale (*Conducting Clinical Sociometric Explorations*). En este test, solicitamos a los miembros del grupo que elijan un *criterio sociométrico* por el cual van a elegir entre los miembros del grupo. Este criterio debe ser específico y en forma de pregunta. Todos los miembros tienen que estar de acuerdo con el criterio ya que todos tienen que someterse a él, por esto animamos al grupo que discutan ampliamente el criterio hasta que todos estén cómodos y de acuerdo con el criterio. Ejemplos de criterios: "¿Quién yo elegiría entre los miembros de este grupo para tomar un café?" "¿Quien yo elegiría entre los miembros de este grupo para compartir un secreto?"

Los miembros del grupo toman una hoja de papel, la dividen en tres columnas: una para las elecciones positivas, la segunda para las elecciones negativas y la tercera para las elecciones neutrales o indiferentes. En orden por prioridad, deben escribir el nombre del individuo en el grupo en la columna positiva que en primer lugar elegirían para tomar el café; el segundo, etc. En la segunda columna, del negativo, deben poner en primera opción la persona con quien más *no* me gustaría tomar el café. En la tercera columna, los indiferentes: las personas con quien podría o no tomar el café. Después de cada nombre deben poner una corto frase con la razón de su selección. "Ponga María en primera opción positiva para tomar un café porque es mi mejor amiga." *Todos* los nombres de todos los individuos deben aparecer en alguna (y exclusivamente *una*) columna (menos lo de la persona que está llenando el test.)

Una vez hecha todas las elecciones sociométricas, la sociometría (persona especializada en sociometría) recoge las hojas y pide al grupo que repita el ejercicio pero contestando a la pregunta, "Como pienso que fulano del grupo me eligió?" Este es la parte perceptual del test. Todos deben poner el nombre de todos los demás miembros del grupo en las columnas positiva, negativa o neutral, según lo que piensan que los demás lo eligieron.

La sociometría recoge las hojas, corrige el test (según los libros especializados) y comparte los resultados con el grupo solamente cuando el grupo está dispuesto a trabajar sus relaciones. Caso el grupo no quiere o no tienen este propósito, no se debe divulgar los resultados.

Los resultados nos dan varios tipos de informaciones: el índice de percepción (capacidad de percibir correctamente a los demás) que tienen las personas, el índice de emisión (capacidad que alguien tiene de emitir mensajes claras y ser bien percibido por los demás), y el índice télico, el promedio de los dos, la percepción bi-direccional.

También nos dan información sobre como las personas se eligieron entre sí. Al resultado de las personas que eligieron a otra y fueron elegidas por ella con el mismo señal llamamos de mutualidad. Pueden ser mutualidades positivas (A y B se eligieron entre si con señal positivo), negativas o indiferentes. Al resultado de las personas que se eligieron señales distintos llamamos de incongruencia: A eligió a B con señal positivo, pero B eligió a A con señal negativo.

La forma que tenemos de trabajar estos resultados es a través de confrontaciones terapéuticas que describiremos a seguir. Todas las incongruencias, y las mutualidades negativas o indiferentes serán trabajadas a través de las confrontaciones. Exclusivamente las mutualidades positivas no se trabajan.

En la confrontación terapéutica, dos personas toman asiento en medio del grupo, una adelante de la otra, mirándose. Al lado de cada una hay una silla vacía. Los demás miembros del grupo están al rededor:

```
                          X

          X                              X



    X                 A      silla vacía              X
  sociometría
                      B      silla vacía

        X                              X

              X          X demás miembros del grupo
```

A informa a B su opción sociométrica compartiendo su razón, y después B le informa a A lo mismo. Desde allí empieza el dialogo y siguen conversando hasta que la relación esté clarificada. Las sillas vacías son para las personas que quieran hacer le *doble* (miembros del grupo o el sociometría). El doble "habla" por la otra persona como que se fuera ella, expresando algún sentimiento que ella no está consiguiendo expresar o del cual no está consciente. Por ejemplo, A puede decir a B, "no te quiero", pero el doble puede entrar e decir el verdadero sentimiento: "te tengo envidia". El doble debe ser confirmado (o no) por la pareja: A piensa un rato y dice, "sí, es cierto. Nunca lo había pensado así." Y sigue conversando con B con esta nueva información; el doble vuelve al grupo. A veces al doble no tiene razón con lo que dice pero aún así puede ser útil: A contesta al doble, "No, no es envidia... es dolor. (A dice a B): Es que cuando me dijiste tal cosa, me heriste mucho y ya no quiero quererte más, porque me has herido..." La conversación termina cuando la relación esté clarificada y no hay más qué decir. La sociometría siempre busca ofrecer un formato donde se pueda efectuar la reconciliación, o una mutua comprensión. Por supuesto que ni siempre esto es posible, aunque una vez clarificada la relación, las personas entienden las razones de cada un y esto facilita mucho la relación futura. A veces las personas en el confronto se ponen de acuerdo de estar en desacuerdo, pero esto también es sano. Todos tenemos que convivir con personas con las cuales no estamos de acuerdo. Muchas veces lo que buscamos es disminuir o terminar con la hostilidad y el rencor.

Todos hacen sus confrontaciones hasta que se terminan. Una regla muy importante cuando se hace un Test Sociométrico es que *todos* los miembros del grupo tienen que comprometerse en estar en *todos* los encuentros, sin excepción. Para hacer un trabajo de grupo, hay que tener *todo* el grupo.

Algunos comentarios finales sobre la función del doble en el confronto. Todos nos comunicamos a varios niveles: verbales, corporales, sentimentales, etc. En el confronto, muchas veces lo que la persona dice no es lo que ella siente. Hay una disonancia entre el nivel verbal y el nivel sentimental. Una de las cosas que buscamos con el confronto es ayudar a la persona a que pueda integrar estos dos niveles, esto es, que lo que la persona *dice* es realmente lo que ella *siente*:

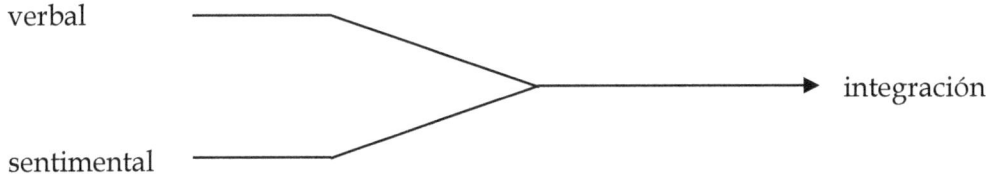

Ejercicios y Juegos Psicodramáticos, *Dra. Heve Otero, Asunción, Paraguay.*

1. **Acercamiento (si mismo):** Un integrante se sitúa en el escenario y coloca a sus compañeros en los lugares más alejados. Todos de pie y con los brazos extendidos. Elige uno al que mira fijamente durante todo el ejercicio. Va llamando a cada compañero para que se acerque lentamente y cuando a él le parece le para.

2. **Creación de imágenes y sentimientos:** Cada integrante crea imágenes concretas con las manos y luego sentimientos e emociones. Se destacó que cuando una persona creaba una emoción, como todo el grupo quedó enganchado.

3. **De los espejos:** Por parejas, primero uno crea el espejo y el otro la persona. Al efectuar movimientos lentos se logra más humanización. Luego se hizo de espejo del que se tenía al lado. Es lindo hacer sin calcular sino con placer y espontáneamente.

4. **Juego de lo globos:** Varios globos a los que no se le dejan que toquen al suelo. El grupo siempre en movimiento y ocupando distintos lugares.

5. **Movimientos lentos:** Primero en parejas y moviéndose como en cámara lenta, tratando de meter todo el cuerpo en el espacio que deja el cuerpo del otro y vice-versa. Luego todo el grupo hace lo mismo entre si.

6. **De los elásticos:** con igual tipo de movimiento que el anterior. Cada uno crea con el elástico fino todas las formas posibles. Luego se trabaja en pareja buscando crear formas juntas. Después con un elástico grueso que envolvía a todos, se juega con los elásticos más chicos formando estrellas. Se mueven dentro del elástico de un lado para el otro, bailando acompañados por el sonido de los tambores.

7. **Acostados con las cabezas en el centro:** En silencio, luces tenues, se contactan las cabezas y las manos del compañero que se tiene al lado. Se permanece así en silencio por un rato.

8. **Caminar:** Caminar por el cuarto y como si el suelo estuviera caliente. Luego, muy caliente. como si hubiera distintas cosas (especificar). Con las manos: como si algo pegajoso quisiera ser expulsado; luego se agregan distintas partes del cuerpo: el estomago, el brazo, la cabeza, las piernas y pies, los hombros.

9. **Acostados:** Todos acostados en el suelo. Se comienza a relajar bajo las siguientes consignas: sentir en un pie, como si algo contornara el borde interno, luego el espacio entre los dedos, el otro costado y luego las plantas. El que termina antes vuelve a repetirlo. Luego se hace igual con el otro pie. Después imaginar y sentir como una

10. media iba envolviendo los pies hasta el tobillo; luego se estira por toda la pierna hasta la ingle. Los genitales quedan afuera. Una venda va rodeando la cadera, el cuerpo, el tórax, el pecho hasta el cuello. También las consignas se aplican a las manos, la cabeza y la cara (menos la boca). Penetración también de la venda entre cada pelo. A medida que se va dando la consigan es bueno que l luz y su intensidad se tenga en cuenta.

11. **Acostados y con la pelota:** A cada uno se le pone una pelota en la mano (primero boca arriba y luego boca abajo). Se da esta consigna: sentir la pelota por su peso, su textura, volumen, consistencia y hacer explorar en las distintas partes del cuerpo, haciéndolo rodar despacio para sentir y registrar las sensaciones que van suscitando.

12. Luego se hace el mismo ejercicio pero rodando sobre la pelota.

13. **Exploración con la pelota:** Se utiliza las pelotas como intermediario con el compañero; ir reconociendo un cuerpo con el otro a través de la pelota. Se recorren todas las zonas del cuerpo.

14. **Contacto corporal:** por todas las zonas. Pasa una persona en frente y elige a un compañero. Todos parados, uno al lado del otro y cada uno debe ir rodando por todos los compañeros. Juntar cabezas con cabezas en el centro. Juntar caras (mejillas). Todos en el suelo, juntar los pies en el centro y su posterior exploración.

15. **Con pelotas:** levantar con un compañero una pelota en la frente y caerla rodar por toda la cabeza.

16. **Expresión de emociones:** se pide a un miembro que pase y exprese con el cuerpo sentimientos y emociones. De esa forma se van agregando uno a uno los miembros; y agregando mas sentimientos.

17. **Investigación sociométrica:** pasa un integrante y elige a otro. Se colocan uno en cada esquina del salón. Se les da primero dos almohadones para que elijan. Luego avanzar hasta el centro e interactuar.

18. **Espacialización:** caminar tratando de conectarse con si mismos, con el cuerpo, con su estado de ánimo. Luego se conectan con el salón, como explorándolo. Luego siguen caminando y con el que se cruzan se miran como si fuera la primera vez que se lo ve. Dejar que lo miran y mirar al otro. Contactar con el cuerpo por medio del hombro con hombro transmitiendo con ese contacto el sentimiento. Luego se inicia la fase del encuentro con cada persona y se hace algo que se tenga ganas de trasmitir. Finalmente, cada uno toma lugar en el salón en la posición en que más cómodo se sienta.

19. **Equilibración:** Pasa uno y elige una pareja. Punta de los pies junto, manos tomadas y brazos extendidos; buscar equilibrio. Es importante aquí el dialogo, la comunicación. Luego en tríos.

20. **Estructuras de baile:** todo el grupo tomado de la mano da unas vueltas y luego uno por uno de los integrantes crea un paso; movimiento que el grupo debe seguir. Se alterna de integrante.

21. **De enroscarse:** uno de los integrantes comienza a enroscarse sobre el grupo, hasta que todos quedan enroscados y en contacto uno don otro. Se le pregunta al que está dentro y afuera qué sienten. se cambien de integrantes hasta hacer todos y haciendo contactar también las cabezas. Luego se emiten sonidos hasta que se unifican todos los sonidos y el grupo vocaliza en forma conjunta dicho sonido. Luego todo el grupo va repitiendo varias veces el nombre de cada uno de los integrantes del grupo.

22. **Todo el grupo en rueda.** Cada persona toma contacto con la persona que tiene al lado y trata de no perder ese contacto. Pensar que los brazos son como alas y seguir el contacto. Luego se reúnen los integrantes en el centro y se los pide que se relajen.

23. Se divide al grupo en dos sub-grupos. De rodillas todas las cabezas en contacto. Se pone música y se le pide que comienzan a balancearse suavemente con movimientos naturales y sin forzarlos. Luego hacer movimientos con aquellas partes del cuerpo donde resuena la música y desplazar ese movimiento a otras zonas del cuerpo. En posición de pie, lo mismo, sin perder contacto de cabezas giran sobre si y mueven todas las partes. Es importante que los movimientos no sean los de danza sino independientes. Final de rodillas con las cabezas tocándose a nivel del suelo; se permanece un rato así, y se pide que se represente imagen. Luego se comenta. De aquí puede surgir protagonista.

24. **Acostados.** Dos grupos de 4 y 5. Con las cabezas al centro en contacto. Cada persona debe avanzar con la cabeza, hasta llegar al lado opuesto y volver siempre lentamente. (Recuerdan: nacimiento, produce sensación si la cabeza estuviera ahuecada.

25. **Una persona acostada**. tres personas colocadas transversalmente sobre ésta. A la altura de las piernas, de la cadera, y del tórax. Estas personas deben descansar todo su peso sobre la primera. Sin hacer ninguna fuerza la persona que está debajo debe tratar de salir, arrastrándose sin modificar la estructura de arriba.

26. **Una persona boca abajo**. Se le coloca en la misma posición, una persona encima, tratando de cubrir la mayor superficie del cuerpo Se les pide que se acompase la respiración. Cuando inspira el otro expira. Luego se invierten las posiciones. El que deber regular la respiración es el que está arriba. Hacen este ejercicio todos.

27. **Caminar:** primero en ritmo lento; mover las articulaciones. Hombros rodillas, muñecas, codos, etc. Rotarlos. Cabeza, cuello, pelvis y piernas. Dejar que a partir de la forma el cuerpo adquiera un movimiento natural. Pensar y sentir que se está entrando en agua muy fría; primero despacio e con frío, luego ir sumergiéndose en el agua hasta meter la cabeza la cabeza adentro. Salir y empezar a sacudirse el agua al cuerpo con las manos de manera enérgica.

28. **El títere y el titiritero**: los integrantes están parados. En parejas, uno es títere y el otro el titiritero. El títere debe quedar flojo; relajado para facilitar las maniobras del titiritero. El titiritero debe imprimir movimientos creativos, no repetitivos a toda la masa del títere. Esto no es cuestión de fuerza sino de habilidad en el manejo. Se pide al títere que tenga base de apoyo (pies) amplia. La cadera del títere deber ir apoyada sobre la pelvis del titiritero como punto de apoyo. SE realiza con música. Se invierten los roles.

29. **De la silla (realización simbólica)**: todos de pie, una sola línea. Se pone una silla enfrente - "a ver quien llega primero a la fila". consiste en que entre el grupo se elija primero a la persona. Elegida ésta el Director da la consigna: "Te vas a ubicar en aquella zona (y señala la zona de la silla), de la manera más cómoda posible, como para pasar en esa posición mucho tiempo." Luego al que sigue y a los que seguirán se les pide que vayan saliendo y a que deben instalarse tomando contacto con la persona o las personas. Tienen el poder de modificar lo que quieran de la estructure anterior. Debe respetarse la consigan de que todos deben estar contactados corporalmente en alguna parte del cuerpo. Comentarios.. qué fueron sintiendo?

30. **Utilización terapéutica del títere**: se coloca todos los títeres del grupo, uno al lado del otro, frente al grupo. Por turno cada integrante va hablando de su títere. Primero cada uno le pone el nombre. Luego el Director le pregunta cómo es, cuantos años tiene, cómo es su casa, su familia, sus defectos, su vida sexual, etc. Después se le pide a cada uno que se identifique con el personaje y muestre una imagen fija de éste y luego camine como ese personaje. Luego se le pide a cada uno que elija una pareja. Luego se unen las parejas y caminan juntos. Se puede llegar a dramatizar. Después todos los personajes de los títeres en el escenario interactuando. Puede salir protagonista.

Psicodrama Pedagógico, *por Rosaly Campos do Amaral - SOGEP (Sociedad Goiana de Psicodrama), Socióloga/Psicodramatista; Therezinha Baptista Amaral - SOGEP, Pedagoga/Psicodramatista; Yvette Betty Datner - ABPS (Asociación Brasilera de Psicodrama y Sociometría), Pedagoga/Psicodramatista. (Traducido con permiso.)*

I. Histórico

El Psicodrama Pedagógico surgió de indagaciones hechas por la pedagoga María Alicia Romaña en Argentina después de haber participado de una sesión de psicoterapia psicodramática (Buenos Aires - 1962). Ella estaba en busca, ya hace algún tiempo, de un método didáctico que le hiciese posible la traducción simbólica de cualquier conocimiento pues trabajaba en educación en el área de aprendizaje, donde comenzó a verificar que a través del simbólico (imágenes), el conocimiento adquirido era más fácilmente internalizado.

En finales de 1963, realizó una experiencia: la validación final de la materia Pedagógica (2o. año) en Buenos Aires (Escuela de Bellas Artes Prilidrano Pueyredón) - a través de la construcción de un objeto simbólico, que sirviese de apoyo para la explicación de los conocimientos teóricos, que los alumnos habían preparado para el examen final. Todos los alumnos disponían del mismo material para la construcción del objeto simbólico: cartón, cartulina, hilos, varas, bolitas de madera, chinches, colas, etc. y también de un mismo tiempo para su realización. Con esta experiencia, ella comprobó la posibilidad de simbolizar un concepto a partir de la asociación de imágenes significativas para la propia persona.

A partir de esa y de otras experiencias (grupo de profesores, niños en edad pré-escolar, organización de equipos de trabajo), pasó a realizar dramatizaciones en sus clases en la enseñanza superior (1964 -66) y posteriormente con niños que presentaban problemas de aprendizaje.

En el IV Congreso Internacional de Psicodrama, Maria Alicia presentó su trabajo y desde entonces (agosto 1969) se configuró el nombre del Psicodrama Pedagógico, siendo invitada a orientar la formación psicodramática de educadores en la ciudad de Sao Paulo.

A partir de ahí comenzaron a surgir los cursos de Psicodrama Pedagógico, inicialmente en Sao Paulo y después en los otros Estados. Aquí en la SOGEP (en Goiânia, Brasil), el primer grupo inició su formación en septiembre de 1980, concluyendo en diciembre de 1983.

II. ¿Qué es el Psicodrama Pedagógico/Educativo?

Es una técnica de acción e interacción utilizada para permitir la integración entre conocimiento adquirido y experiencia vivida. Por ejemplo: Conocer como esta compuesta químicamente el agua es importante pero también el ser del agua, transformarse en ella, tornarse turbia o cristalina, turbulenta o tranquila, verde o café, fría o caliente. Cuando integramos lo vivencial a lo intelectual es que conseguimos finalmente tornarlo nuestro y ser uno con el conocimiento.

En el Psicodrama Pedagógico se trabaja los papeles sociales, sus relaciones y papeles complementarios en una determinada cultura. Se trabaja el aprendizaje, el desenvolvimiento, y el desempeño de los papeles sociales del individuo, fundamentado en la teoría de Moreno.

Los objetivos del Psicodrama Pedagógico son:

1. Trabajar un papel en el sentido de desenvolver en el individuo mejores condiciones de desempeño, principalmente frente a nuevas situaciones.
2. Trabajar un papel ya existente en sentido de desenvolverse, o rever y modificar este papel.
3. Desarrollar la espontaneidad.
4. Desarrollar la creatividad.

III. Diferencia entre Psicodrama Terapéutico y Educativo y los Campos de Actuación del Educativo/Pedagógico

El trabajo con el grupo se realiza a partir de un problema dado por el mismo grupo. La fundamentación, la postura, y las técnicas psicodramáticas ofrecen a la Unidad Funcional, condiciones de proponer una vivencia real en que la imaginación puede ser vivida y probada, en que el simbolismo de una situación puede ser realizada en el concreto.

Por los principios de la espontaneidad un profesional, o un alumno irá a trabajar un papel social, redescubriendo la dimensión de éste o su verdadero papel, pudiendo colocarlo o recolocarlo, en el cuadro de su situación de realidad.

En el Role-Playing, la improvisación siempre nueva, actúa como el facilitador o como para el protagonista, vivir los varios aspectos del desempeño de su papel profesional, papel del alumno, o papel social que esta siendo trabajado. Como actor-criador-autor, vive y desarrolla su papel, conoce y reconoce, descubriendo las motivaciones comunes o personales, la historia del papel, la necesidad de trabajar este papel, o todavía, del desarrollo de nuevos papeles, dependiendo del contexto socio-cultural de la persona.

En un grupo, los elementos comunes a los papeles de los individuos aparecen en el contexto psicodramático, siendo vivenciados por todo el grupo que va descubriendo las motivaciones comunes o personales, la historia del papel, la necesidad de trabajar este papel, o todavía, del desarrollo de nuevos papeles, dependiendo del contexto socio-cultural de la persona.

Es importante sobresaltar, también, la posibilidad que el Psicodrama, en general, ofrece la posibilidad de vivir otros papeles, no desenvueltos o desconocidos, En este caso, hablamos de la variedad de complementarse o de papeles imaginados, no vividos.

Otro punto fundamental en Psicodrama Pedagógico, es que en ningún momento la Unidad Funcional, que trabaja con un grupo, penetra o se apodera de una acción psicoterapéutica, en la medida que no se roza, ni se trabajan los papeles psicosomáticos, ni cuanto los psicodramáticos, se trabaja la fantasía a nivel del papel.

Así, el Psicodrama Pedagógico puede ser utilizado en diferentes áreas: Educación, Reeducación, Servicio - Social, Entrenamiento de Personal, Sociología, etc.. Todas ellas aportan perfectamente un trabajo con procedimiento psicodramático.

Ejemplos de trabajos grupales con procedimiento psicodramáticos pedagógicos:
1. Área didáctica: nivel universitario - enseñanza de Psicomotricidad, Anatomía, etc.
2. Entrenamiento de papeles para un objetivo común (empresas): entrenamiento de personal, entrenamiento de papeles profesionales, desarrollo y mejoría de las relaciones interpersonales, selección.

3. Levantamiento y encuesta de las tendencias vocacionales en grupos de adolescentes.

4. Trabajo tanto con Metodología Psicodramática (sala de clase) como también con Role Playing con niños, que presentan dificultades de aprendizaje.

5. Revisión y creación de nuevos papeles en la atención a accidentados en trabajos. Asistentes Sociales en Instituciones, Sociólogos de Empresas e Instituciones varias.

6. Trabajo con papel de alumno (escuelas o centros de atención de alumnos).

7. Entrenamientos de papel de pasante (empresas, escuelas , instituciones).

8. Trabajo con profesores - desenvolvimiento del papel del profesor, profesores/alumnos.

Es importante que los profesionales que irán a trabajar con el procedimiento psicodramático, reciban formación específica en Psicodrama, ya que éste envuelve una determinada filosofía, un determinado concepto de hombre, y una determinada visión de la sociedad y de la vida. Sin esta formación y creencia, el Psicodrama Pedagógico será un conjunto común de técnicas de grupo sin finalidad mayor que la de ser unas "técnicas diferentes" y nada más.

IV. Metodología Psicodramática

El esquema elaborado por María Alicia Romana, la transmisión del conocimiento puede ser hecho a través de un camino metodológico estructurado en tres (3) planos de vivencia dramática:

1er. paso   La dramatización parte de lo real, de los datos de la experiencia concreta.
       Se trabaja con ideas - el trabajo es de análisis.

2do. paso   La dramatización es simbólica.
       Se trabaja con imágenes - el trabajo es de síntesis.

3er. paso   La dramatización se da a nivel de la fantasía. En esa fase el conocimiento ya es elaborado e incorporado por el alumno, que ya es capaz de insertarlo en otros esquemas, realizando asociaciones, creando y desarrollando. Se trabaja con los roles.

    *1er. paso
    *En un estudio sobre el agua, un grupo de alumnos comienza trayendo escenas de la vida diaria con agua. - un niño tiene sed y va hasta la cocina para tomar agua. Un niño se baña y la madre recomienda que se seque cuando acabe...

    *2do. paso
    *A través de imágenes, los alumnos simbolizan cualidades del agua: fluidez, frescura, cambio de estados.

    *3er. paso
    *Crean una situación hipotética: un diálogo entre una planta y el agua en los 3 estados - sólido, líquido y gaseoso. Cambian de opinión sobre lo que las aguas "piensa" o "sienten", sobre la planta.

Hubo entonces la posibilidad de pensar en ideas, en imágenes y en papeles.

Factores Terapéuticos del Psicodrama, por *Adam Blatner, MD y Allee Blatner* . [4]

En su libro, *Foundations of Psychodrama* (1988:90-94), los Blatner nos comparten varios factores terapéuticos del psicodrama:

1. Tiene el potencial de **instalar la esperanza:**
   - Contacto con otros que se han beneficiado del proceso
   - Conociendo a un terapeuta que tiene la fe en el potencial del método al punto que genera el cambio a través de la transformación creativa o positiva
   - Manteniendo la expectativa de ayuda
2. Descubrir en un grupo la **universalidad** de las preocupaciones de uno ofrece una fuente poderosa de apoyo. Un elemento significativo en la "enfermedad" psicosocial es la de la desmoralización. Parte de esto consiste en el sentimiento de alienación - la creencia que los defectos y debilidades de uno son únicos y vergonzosos. Los métodos psicodramáticos ayudan a que se perciba el rango de sentimientos en común involucrados en la condición humana, y esto estimula su eficacia.
3. Ayuda a desarrollar un **sentimiento de altruismo**, un importante elemento en la sanidad ya que los miembros van dejando su ego-centrismo. Adler decía que el sentimiento de comunidad era la alternativa más importante a los esfuerzos personales por el poder que él creía es la base de toda psicopatología.
4. **Ofrece información.** Posee un elemento de instrucción. Posibilita la discusión de ciertos aspectos de la Psicología y la vida humana.
5. El grupo de terapias ofrece **una experiencia emocional correctiva.** Evoca las dinámicas de la familia de origen y posibilita su resolución en un formato consciente y de apoyo. Corrige elementos de transferencia. Quizás lo más poderoso es la experiencia correctiva en conjunto con otros miembros del grupo al co-crear las escenas donde pueden experimentar las respuestas deseadas de las figuras del pasado, ya que valida los sentimientos antes rechazados y les impulsa a pedir lo que necesitan/quieren ahora.
6. Yalom menciona el desarrollo de **técnicas socializadoras** a través
   - del ensayo de conducta
   - técnicas para la resolución de y conflictos en forma constructiva
   - desarrolla la capacidad de entenderse y entender a los demás.
7. Pueden practicar **conducta imitativa** al ver como los demás lidian con determinadas situaciones.
8. **Aprendizaje interpersonal** - aprenden a expresar sentimientos negativos y positivos y acceder niveles múltiples de "insight".
9. La psicoterapia de grupo **desarrolla la cohesión grupal** al ayudar a los participantes a aprender a comportarse de tal manera que empiezan a sentirse aceptada.

---

[4]Blatner, A . and Blatner, A. (1988) *Foundations of Psychodrama*:90-93, © Springer Publishing, Inc. NYC 10012. Used by permission. Con autorización.

Evaluación del Riesgo en los Pacientes

1. Tome en serio todas las amenazas.

2. Revise detalladamente con el paciente todos sus impulsos, planes y las diferentes formas en la que podría hacer(se) daño. Grado de desesperación: "En una escala de 1 a 10, donde está su nivel de desesperación en este momento? semana pasada?"

3. Evalúe la historia pasada de peligro para si y otras personas. Procure obtener información clínica acerca del paciente, de archivos médicos y cualquier otra fuente de información que tenga disponible. Pregunte por la historia familiar de suicidios. Averigüe la historia de las pérdidas que ha sufrido el paciente.

4. Evalúe la correlación entre abuso de alcohol y conducta o impulsos violentos en el pasado, y su abuso en el presente.

5. Si un paciente potencialmente peligroso deja su oficina, avise a la policía así como a las potenciales víctimas. Si el paciente es recibido en una unidad psiquiátrico, ellos deben asumir la responsabilidad de notificación.

6. Si se decide no hospitalizarse:
a) Remueva o minimice los medios específicos (medicación debe ser regulada/monitoreada por familiares o alguien responsable; guardar armas con la policía, etc.)
b) Maximice el apoyo social. Evite el aislamiento.
c) Maximice la alianza terapéutica. Averigüe cuáles soluciones ya ha intentado y cuáles fueron los resultados. Qué le ha ayudado a no hacerse daño? creencias religiosas? preocupación con los hijos? etc.
d) Ofrezca alternativas (llame al terapeuta o, diríjase a la sala de emergencia del hospital más cercano. Si existe una línea de ayuda, no dude en llamar.)
e) Tome pasos enérgicos para controlar el abuso de alcohol/drogas (remitir a un padrino de AA, etc.)
f) Establezca un contrato de no-violencia con el paciente. Haga un contrato personal Muy claro y breve entre terapeuta y paciente. (Si es necesario, por escrito.)

7. Mantenga apuntes detallados de la evaluación y acciones recomendadas/tomadas.

8. Durante todo el proceso, sea pro-activo: junte información y sea claro en las decisiones. Los pacientes se sienten aliviados si perciben que el terapeuta tiene control de la situación.

9. Con niños, preguntarles si entienden que jamás volverán? qué significa morir? qué significa estar muerto? *realmente* sabe lo que significa?

Bibliografía

En español:

Bastin, G (1965) **Los Tests Sociométricos.** Buenos Aires: Editorial Kapelusz.

Bello, M.C. (1999) **Introducción al Psicodrama: Guía para leer Moreno.** México: Editorial Colibri.

Blatner, A. H. (1980) **Psicodrama: Cómo utilizarlo y dirigirlo.** México, DF: Editorial Pax-Mexico.

Buber, M. (1922) **Yo y Tú.**

Buchbinder, M. (1993) **Poética del desenmascaramiento - Caminos de la cura.** B. Aires: Editorial Planeta SAIC.

Bustos, D. M. (1997) **Actualizaciones en Psicodrama.** La Plata, Argentina: Editorial Momento.

Bustos, D. M. (1992) **El Psicodrama.** Buenos Aires: Editorial Plus Ultra - (Para Psicodrama Terapéutico.)

Bustos, D.M. (1980) **El Test Sociométrico: fundamentos, técnicas y aplicaciones.** Buenos Aires: Editorial Vancu. *(Libro básico.)*

Bustos, D.M. (1975) **Psicoterapia Psicodramática.** Buenos Aires: Editorial Paidos. (Para iniciantes.)

Bustos, D (1985) **Nuevos Rumbos en el Psicodrama.** La Plata, Argentina: Editorial Momento. (Para avanzados: terapia con parejas, grupo y individual.)

Bustos, D (1990) **Peligro a vista!** São Paulo: Aleph. (Psicodrama con parejas.)

Carvalho, E. (1985) **Juegos Dramáticos para Cristianos.** Brasilia.

Garrido Martín, Eugenio. (1978) **La Psicología del Encuentro.** España: Sociedad de Educación Atenas.

Greenberg, I. (1982) **Moreno y el Psicodrama.** Buenos Aires: Editorial Paidos.

Leveton, E. (1970) **Cómo dirigir Psicodrama: Psicodrama para el Clínico Tímido).** México:Editorial Pax-Mexico.

Moccio, F. y Martínez, H. (1987) **Psicoterapia Grupal: Dramatizaciones y Juegos.** Buenos Aires: Ediciones Busqueda.

Moreno, J.L. (1977) **El Teatro de la Espontaneidad.** Buenos Aires: Editorial Vancu.

Moreno, J.L., (1971) **Palabras del Padre.** Buenos Aires: Editorial Vancu.

Moreno, J.L., (1987) **Psicodrama.** Buenos Aires: Editorial Paidos. (Libro básico.)

Moreno, J.L., (1966) **Fundamentos de la Sociometría.** Buenos Aires: Editorial Paidós. (Libro básico.)

Moreno, J.L. (1995) **Las Bases de la Psicoterapia.** Buenos Aires: Lunar-Hormé. (Para Psicodrama Terapéutico.)

Pavlovsky, E., Bouquet, C., Moccio, F. (1979) **Psicodrama: Cuándo y por qué dramatizar.** Buenos Aires: Editorial Fundamentos. (Para iniciantes.)

Ramírez, J.A. (1997) **Psicodrama - Teoría y Práctica.** Bilbao, España: Ed. Desclée de Brouwer.

Rojas-Bermúdez, J. (1984) **¿Qué es el Sicodrama?** Buenos Aires: Editora Celcius. (Libro básico.)

Rojas-Bermúdez, J. (1997) **Teoría y Técnica psicodramática.** Buenos Aires: Editorial Paidos.

Rojas-Bermúdez (org) **Cuadernos de Psicoterapia,** Ediciones Progenitor.

Schützenberger, Anne Annceline- (1974) **Diccionario de Técnicas de Grupo: Formación, psicoterapia, dinámica de grupos y psicodrama.** Sociedad Educación Atenas.

Vinogradov, S., Yalom, I. (1996) Guía breve de psicoterapia de grupo. Barcelona/Buenos aires: Paidós.

Zuretti, M (1986) **El Hombre en los Grupos: Sociopsicodrama.** Buenos Aires: Lunar-Hormé.

En portugués:

Aguiar, M. (1998) **Teatro Espontâneo e Psicodrama.** São Paulo:Ágora.

Aguiar, M. (1988) **Teatro da Anarquía.** São Paulo: Papirus.

Aguiar, M. (1990) **O Teatro Terapêutico.** São Paulo: Papirus.

de Almeida, W. C. (1982) Psicoterapia Aberta: O método do Psicodrama. São Paulo:;Agora.

Carvalho, Esly (1987) **A Estrutura Sociométrica da Familia Alcóolica: Um estudo exploratório.** Brasilia: UnB. Tese de mestrado.

Carvalho, Esly (1988) **Jogos Dramáticos para Cristãos.** Plaza del Encuentro.

Cukier, R (1992) **Psicodrama Bipessoal.** São Paulo: Ágora.

D'Andrea, Flávio Fortes (1987). **Psicodrama: Teorias y Técnicas.** Rio de Janeiro: Editora BertrandlBrasil S/A.

Dias, Victor (1987) **Psicodrama - Teoria e Prática.** São Paulo: Ágora.

Dias, Victor (1996) **Sonhos e Psicodrama Interno.** São Paulo: Editora Ágora, Ltda.

Diniz, G. (11995) **Psicodrama Pedagógico/Teatro,** Educação. São Paulo: Ícone Editora.

Fonseca, J. (1980) **Psicodrama da Loucura: Correlações entre Buber e Moreno.** São Paulo: Ágora.

Garrido, Eugenio (1978) **A Psicologia do Encontro.** São Paulo: Livraris Duas Cidades.

Gonçalves, C (1988) **Psicodrama com Crianças.** São Paulo: Ágora.

Holmes, P., Karp, M. (1992) Psicodrama: Inspiração e técnica. São Paulo: Ágora

Kadis, A., Krasner, J., Winick, C., Foulkes., S. (1963) **Psicoterapia de Grupo.** São Paulo: IBRASA.

Marineau, R. (1992) **Jacob Levy Moreno: 1889-1974, Pai do Psicodrama, da sociometria e da psicoterapia de grupo.** São Paulo: Ágora.

Monteiro, Regina.. (1994) **Jogos Dramáticos.** São Paulo: Agora.

Monteiro, Regina (1993) **Técnicas Fundamentais do Psicodrama.** São Paulo: Editora Brasiliense.

Moreno, J.L. (1997) **Autobiografía.** São Paulo: Editora Saraiva.

Moreno, J.L. (1992) **As Palavras do Pai.** Campinas, SP:Editorial Psy.

Moreno, J.L. (1990) **O Psicodramaturgo.** São Paulo: Casa do Psicólogo.

Moreno, J.L. (1984) **O Teatro da Espontaneidade.** São Paulo: Summus.

Motta, J. (1995) **O Jogo no Psicodrama.** São Paulo: Ágora.

Osório, L. (ed) (1986) **Grupoterapia.** Porto Alegre: Editora Artes Médicas.

Ricotta, L.C. (1990) **Psicodrama nas Instituições: Cadernos de Psicodrama.** São Paulo: Ágora.

Romaña, M (1992) **Construção coletiva do cnhecimento através do Psicodrama.** São Paulo: Papirus.

Salles, C. (1988) **Psicodrama com crianças: uma psicoterapia possível.**São Paulo: Ágora.

Seixas, M.R. (1992) **Sociodrama Familiar Sistêmico.** São Paulo: Aleph.

Psicodrama - Exigencias para el Curso de Formación

(Posibilita la certificación brasileña por la Federación Brasileña de Psicodrama - FEBRAP).

Psicodrama Terapéutico (para psicólogos y médicos con comprobada formación en psicoterapia; *no* sirve egresamiento.)
1. Teoría psicodramática = 240 horas
2. Supervisión = 120 horas
3. Terapia = mínimo 160 horas con Terapeuta Didata, reconocido por la FEBRAP.
4. Escrito psicodramático
5. Prueba escrita sobre teoría (Historia, Filosofía, Metodología, Sociometría, Ética)
6. Prueba práctica de dirección

Terapeuta Didacta

Supervisión = 120 horas adicionales y dos años de formación.

Supervisor de Psicodrama Terapéutico

Supervisión = 80 horas adicionales, presentación de trabajo y tres años de formación, después de haberse hecho Terapeuta Didacta.

Psicodrama Aplicado (Educativo o Pedagógico)
(Hay que tener Licenciatura Universitaria para poder candidatarse a la certificación por FEBRAP).

1. Teoría psicodramática = 240 horas
2. Supervisión = 120 horas (incluye 20 horas de práctica de dirección)
3. Terapia = mínimo 140 horas con Terapeuta Didacta
4. Escrito psicodramático
5. Prueba escrita sobre teoría (Historia, Filosofía, Metodología, Sociometría, Ética, Investigación)
6. Prueba práctica de dirección de psicodrama aplicado

Supervisor de Psicodrama Aplicado

Supervisión = 200 horas adicionales y presentación de trabajo

El PROGRAMA DE FORMACIÓN EN PSICODRAMA EN ECUADOR (APSE)

(Currículo mínimo para convenio con la Asociación de Psicodrama y Sociometría del Ecuador)

Organización académica: El Curso de Formación en Psicodrama está organizado en los siguientes componentes:

1. Teoría y técnica psicodramática: 300 horas para psicodrama terapéutico y 264 horas para psicodrama educativo.
2. Supervisión: 100 horas (100 horas de supervisión)
3. Terapia psicodramática personal: mínimo 160 horas (con un Terapeuta Profesor reconocido por la APSE) (mínimo 130 en terapia de grupo).
4. Trabajo escrito final
5. Examen teórico final
6. Prueba práctica de dirección
7. Práctica de dirección (20 horas + 40 horas con un Psicodramatista reconocido por la APSE).

Carga horaria: El Curso de Formación se desarrolla mediante talleres, cursos y seminarios. Las clases regulares 4 horas por semana, y cada trimestre clases especiales mediante talleres, cursos y seminarios de 8 a 20 horas según el tema.

PRIMER AÑO:
Clases Regulares
1.1 Introducción al Psicodrama
1.2 Historia del Psicodrama
1.3 Introducción al Teatro
1.4 Teoría Moreniana
1.5 Filosofía Moreniana
1.6 Metodología Psicodramática
1.7 Terapia personal en grupo
Total de horas Año 184

SEGUNDO AÑO
Clases Regulares
2.1 Teoría Sociométrica
2.2 Juegos Dramáticos
2.3 Expresión Corporal / Aplicación Dramática
1.7 Terapia personal en grupo
Total de horas Año 184

TERCER AÑO
Clases Regulares
3.1 Practica de Dirección
3.2 Supervisión
2.4 Ética y psicodrama
Total de horas Año 148

TALLERES ESPECIALES
4.1 Teatro espontáneo
4.2 Núcleo del Yo y Introducción a la psicopatología*
4.3 Practica de Dirección
4.1 Psicoterapia y Psicodrama de Grupo *
4.2 Psicodrama Individual*
4.3a Psicodramas Especiales y Aplicados*
4.3b Psicodrama pedagógico y Sociodramas especiales *
Total horas: 24
Clases especiales: 68

TOTAL CURSO:
Psicodrama Terapéutico: 620 horas
Psicodrama Educativo: 584

Contacto en el Ecuador:

Dr. Santiago Jácome
CAMPUS GRUPAL **- Centro Ecuatoriano de Psicodrama y Grupoterapia - Fundación Salud Alternativa para el Desarrollo.**
Antonio de Ulloa N34-493 y Pedro Bedón (esquina) (Sector Rumipamba),
Casilla postal: 17-08-8633.
Telef. (02) 2264300, (02) 3318882.
QUITO - Ecuador
www.campusgrupal.com

Siguen más recursos que le puedan interesar. Si a usted le gustó este libro y lo encontró provechoso, deje una notita en Amazon para que otros lectores puedan beneficiarse de su opinión.

Más recursos y libros:

Libros de EMDR – Eye Movement Desensitization and Reprocessing (Desensibilización y reprocesamiento por medio de los movimientos oculares).

Sanando la Pandilla que Vive Adentro, por Esly Regina Carvalho, EMDR Treinamento e Consultoria Ltda.

Curación Emocional en Máxima Velocidad, por David Grand, Ph.D., EMDR Treinamento e Consultoria Ltda.

Cuaderno de Oración, por Esly Regina Carvalho, Ph.D, Plaza del Encuentro

Cuidemos de Nuestros Lideres, por Esly Regina Carvalho, Ph.D. Plaza del Encuentro

Juegos Dramáticos para Cristianos, por Esly Regina Carvalho, Ph.D., Plaza del Encuentro

Bibliodrama, por Esly Regina Carvalho, Ph.D. Plaza del Encuentro.

Cuando se rompe el vínculo, Esly Regina Carvalho, Ph.D., Kairos Editora.

Alas de Sanidad, Esly Regina Carvalho, Ph.D. Casa Creación.

Compañeros de Yugo, Plaza del Encuentro